LES DEUX PHÈDRE

Mme RISTORI ET Mlle RACHEL

LETTRE A M. CARINI
Directeur du *Courrier franco-italien*

SUR QUELQUES HÉRÉSIES THÉATRALES

PAR L'AUTEUR DU MONDE DANTESQUE

SUPPLÉMENT A LA PUBLICATION DE L'HIPPOLYTE PORTE-COURONNE
TRADUIT D'EURIPIDE POUR LA SCÈNE FRANÇAISE

Prix : 50 centimes

PARIS
L. DENTU, Éditeur, Palais-Royal
Galerie d'Orléans, 13
ET DANS LES LIBRAIRIES DE NOUVEAUTÉS

1858

LES DEUX PHÈDRE

M.me RISTORI ET M.lle RACHEL

LETTRE A M. CARINI
Directeur du *Courrier franco-italien*

SUR QUELQUES HÉRÉSIES THÉATRALES

PAR L'AUTEUR DU MONDE DANTESQUE
ET DES STATIONS POÉTIQUES

SUPPLÉMENT A LA PUBLICATION DE L'HIPPOLYTE PORTE-COURONNE,
TRADUIT D'EURIPIDE POUR LA SCÈNE FRANÇAISE

Prix : 50 centimes

PARIS

L. DENTU, Editeur, Palais-Royal
Galerie d'Orléans, 13

1858

COURRIER FRANCO-ITALIEN

(Extrait des numéros du 3 et du 10 juin 1858)

M. Sébastien Rhéal (de Cesena), connu par ses travaux sur Dante, dont il a le premier en France traduit les œuvres complètes, et qui publie aujourd'hui la poétique traduction de l'*Hippolyte* d'Euripide avec la mise en scène antique, nous adresse la lettre suivante sur certaines critiques soulevées par la version italienne de la *Phèdre* française et par les représentations de Mme Ristori. C'est un résumé impartial de la question, opportun à la fin de la campagne de l'éminente tragédienne, et qui transporte la polémique du terrain des personnalités sur celui plus élevé de l'art, dans son sens universel. Nous l'insérons avec d'autant plus de plaisir qu'il émane d'une plume compétente à double titre; sans prétendre la juger, nous n'aurions osé admettre d'un littérateur italien une opinion aussi rigoureuse sur la pièce classique de Racine.

G. CARINI

LES DEUX PHÈDRE

ET DE QUELQUES HÉRÉSIES THÉATRALES

> La croisade romantique est à refaire, le nouvel art poétique à constituer. . . .
> . . . .

LETTRE A M. CARINI

Directeur du *Courrier franco-italien*

Monsieur le directeur,

Je viens vous demander place confraternelle dans vos colonnes pour une réponse opportune, comme organe des littératures italienne et française, doublement en cause ici par leurs représentants et leurs idées.

Plusieurs courriers du dimanche et du lundi sonnent depuis quelque temps d'étranges carillons dans leurs dithyrambes hebdomadaires sur les deux *Phèdre*, et, chemin faisant, sur les thèses dramatiques à l'ordre du jour. L'un d'eux, le coryphée brillant de la jeune critique militante, s'écriait, en montant d'un pied hardi son Pégase aventureux : « Mme Ristori vient de mettre la robe de Déjanire ; elle a joué la *Phèdre* de Racine, le plus grand rôle de Mlle Rachel. »

Un autre champion, que je ne m'attendais pas à rencontrer dans la lice, arborant une enseigne belliqueuse, décoche des gracieusetés analogues, soit sur les représentations grecques, soit sur l'éminente artiste qui ose *galvaniser le cadavre* de la Melpomène Rachel, soit sur la profanation de la vraie *Phèdre*, traduite *dans le faux style d'un faux Racine*.

Je réfuterai ultérieurement ces thèses courantes, drapées selon la mode, contre la restauration du grand art théâtral en déclin. Eclaircissons d'abord les controverses ou plutôt les hérésies qu'a provoquées l'apparition de Mme Ristori dans le prétendu chef-d'œuvre de Racine, et dont l'écrivain de la *Presse*, très souvent chaleureux progressiste, s'est constitué, à ma vive surprise, le plus fanatique organe.

Quiconque veut innover et marcher en avant suscite les mêmes clameurs, les mêmes dénégations. Mme Ristori a gagné sa cause dans le tournoi olympique; elle part avec une quatrième gerbe de lauriers et de fleurs. Mais la question dominante, la question de principes, trop longtemps éludée ou obscurcie, mérite d'être nettement posée; nos paladins se sont assez amusés à des joûtes oratoires et chevaleresques. Les parallèles soulevés entre les deux artistes et les deux pièces, où s'incarne diversement le génie des deux langues sœurs par la souche latine, ont servi à faire éclater les contradictions et les incohérences que notre éducation classico-romantique et pagano-chrétienne perpétue jusque chez les esprits les mieux doués, comme dans presque tout notre public.

Le moment n'est-il pas bien choisi pour se montrer dur envers cette pauvre nation italienne, notre compagne d'armes en Crimée, laquelle nous envoie des messagers d'alliance, des hôtes si éloquents : une interprète des sublimités tragiques évanouies, suivant l'avis commun; puis trois poètes inspirés, dont l'un, Montanelli, nous a offert un drame tout imprégné de lyrisme et d'émotion pure, *Camma;* l'autre, Giacometti, une *Judith* vraiment biblique, étincelante de patriotisme et de couleur locale; le troisième, Dall'Ongaro, a bien voulu traduire fidèlement dans sa langue harmonieuse une de nos œuvres aimées.

Quoi donc! à propos de la *Fedra*, j'ai vu se redresser, sous des formes plus dorées, j'en conviens, les vieux fétichismes et les effroyables incongruités qu'éveillait, chez les La Harpe et les Geoffroi, le parallèle audacieux de notre *Phèdre* avec la Grecque et la Romaine, comme si elle ne leur devait pas les irradiations fascinatrices, incomplètement réfléchies dans son lointain miroir. Décidément, la croisade romantique n'a rien appris, rien fondé. N'implantera-t-on pas une bonne fois dans notre monde littéraire les doctrines rationnelles, toujours étouffées par l'ivraie de la routine et du paradoxe!

Schlegel, un grave Allemand qui méditait avant d'écrire, avait terrassé, au sujet de nos fausses imitations grecques, soi-disant plus parfaites que leurs modèles, les hérésiarques raciniens, dans sa fameuse polémique, oubliée ou ignorée de nos critiques improvisateurs (1). Oser toucher à notre *Phèdre* originale! au plus grand rôle de Mlle Rachel! Je croyais que la grande *Phèdre* datait de la 87ᵉ olympiade, qu'elle avait reçu sa consécration séculaire sur le théâtre athénien, d'où elle avait inspiré successivement la Romaine et la Française, debout entre mille impuissants poncifs. Nenni; l'originale, c'est la *Phèdre* traduite ou imitée des deux premières sous Louis XIV, au goût de son époque et de sa cour.

L'erreur véritable de l'artiste italienne et de son poète, n'est-ce point d'avoir copié une copie multiforme, sans vie propre ni ensemble ni couleur indigène, plutôt que de remonter à la source? — d'avoir traduit le Racine imitateur, au lieu d'Euripide le créateur. Sera-ce à nous de leur reprocher un culte pieux envers notre idole?

---

(1) Ce manifeste, qui résumait vivement tous les parallèles entre la Phèdre grecque et la française, paraissait avoir élucidé la question. Mais on a fait du chemin depuis. Le savant auteur du *Cours de littérature dramatique* y démontrait, preuves en main, les fautes injustifiables commises, dans notre imitation classique, contre la vérité, l'histoire, les mœurs, la raison et l'art. Seulement, il ne tenait pas assez compte des nécessités du milieu social où écrivait Racine, et, sous cette réserve, il aurait pu en noter bien davantage.

Racine, hâtons-nous de le proclamer, possède d'assez éclatantes créations pour qu'on puisse en parler avec franchise, et cette idole même renferme assez de traits prestigieux pour faire illusion sur ses mélanges disparates. — Ah! chantent les thuriféraires, une image vénérée par nous depuis le collége! une statue de Phidias transportée sous les ombrages de Versailles! une divinité musicale, dont la traduction dénature le sobre et nuancé langage! un rôle sans pareil où la nouvelle interprète lutte en vain, malgré tout son talent, contre le magique fantôme de la tragédienne disparue!

Hélas! comme les idoles changent et passent vite. L'auteur immortel d'*Athalie* ne reçut-il pas, il y a vingt-cinq ans, des mousquetaires du romantisme, une épithète mal séante? La tragédie était déjà déclarée morte, comme hier, malgré tout le talent de la Juive; et le coryphée de la critique d'alors, le spirituel feuilletonniste des *Débats*, déclarait Rachel vivante sans amour, sans vérité, sans douleur, dans ce rôle où elle échouait comme dans Esther et dans Pauline. D'autres jeunes tragiques ardentes (notamment Mlle Maxime) lui en disputaient victorieusement le siége. Relisez les plus notables feuilletons de 1841 à 1845. Par respect pour son ombre, je ne vous en répéterai point les termes; ils vengeraient trop sa rivale.

Et la voilà maintenant qui réapparaît, dans le linceuil de son idéal souvenir, pour éclipser, pour contremimer et contrephraser les actrices aventurées dans ses personnages funèbres. « Halte-là! n'avancez point! ce sont mes rôles : j'ai emporté la tragédie dans ma tombe. » Qu'est-ce que cet insolent *veto*, ces cadavres et ces ombres qu'on lance à la tête des vivants pour leur barrer le chemin? L'art est éternel, universel et progressif; il meurt et il renaît sous des formes et des figures incessantes; il est la propriété de tous et il doit enfanter pour tous.

N'est-ce donc point assez, ô Melpomène fardée! d'avoir interdit, la main sur les subventions nationales, le Théâtre-Français à tout progrès sérieux, à toute idée novatrice, à tout vivace talent? — Si bien qu'il y a le désert, la mort en effet, la mort dans le grand art. Les Champmeslé, les Clairon, les Gaussin, les Raucourt, les Duchesnois, les Georges, ont marqué d'une empreinte au moins égale tous ces personnages dont leur continuatrice a repris les costumes et les gammes. Cependant, comme ses devancières et Talma, dont la puissance animait jusqu'à de mauvais pastiches, la sublime Rachel n'a pu insuffler son âme, graver son effigie notoire dans un seul personnage nouveau. Je défie qu'on me cite un seul beau rôle issu de sa création. Laissons donc là ces refrains qui résonnent sur tous les tambours.

La Phèdre classique, s'écrie-t-on encore, est une imitation avouée ; « mais elle résume par un chef-d'œuvre d'expression et d'attitude cette fusion savante des métaux précieux de la poésie antique jetée dans le moule de la vie moderne... Racine chante, sous le ciel de la Grèce et de la Judée, les grandeurs, les passions et les amours de la maison royale. Le cœur des Lavallière et des Mancini bat sous le marbre attendri des statues antiques, qu'il présente au grand roi comme des allégories voilées d'adulation et de souvenir. » Hélas ! hélas ! combien de mots charmants pour déguiser la falsification, l'anomalie et la déchéance, tristement imposées par un monde artificiel.

Si Racine a produit, comme on le prétend, une Phèdre chrétienne et française, sous la tunique de l'épouse de Thésée, un semblable éloge la condamne sans retour. Est-ce que cette Phèdre, composée d'éléments aussi hétérogènes, peut être vraie? Est-ce qu'il est permis de mentir aussi violemment à la vérité historique et aux légendes les plus consacrées? est-ce qu'il existe une nature humaine abstraite, en dehors de tout milieu topographique et social? Nous ne souffririons certe pas, même au spectacle, un prêtre catholique dansant une bacchanale comme un prêtre payen, ou déposant des couronnes devant l'autel de Vénus. Notre scolastique ignorance de l'antiquité réelle fait seule admirer ces mascarades.

Je ne comparerai point incidemment la Phèdre véridique, ou mieux l'Hippolyte grec, à la pièce francisée, l'or pur et splendide au métal *composite ;* cela pourtant démentirait de la façon la plus péremptoire toutes les versions surannées transmises, toutes les interprétations fausses, tous les pastiches incolores sans l'âme primitive ni la mise en scène antique, toutes les fausses théories obstinément répandues sur les chefs-d'œuvres et l'art ancien. Je me contente de renvoyer à ma publication du *drame-Mystère* d'Euripide (1), où j'ai essayé de recomposer, à force d'amour, cette synthèse théâtrale profonde qui va, comme l'Epopée florentine, de la terre au ciel, avec des enseignements éternels et palpitants pour tous les siècles. Dieu sait les balourdises imprimées là-dessus, dans les cours de littérature et dans les feuilletons périodiques, par les plumes les plus accréditées. On n'assimile pas une pendule de salon, fût-ce la plus riche, à l'ancienne horloge miraculeuse de la cathédrale strasbourgeoise, qui marquait les heures, les jours, les fêtes et les phases astronomiques.

La traduction italienne, toute profane que certains la trouvent, comparée au texte français, nous fournira des clartés suffisantes. M. Dall'ongaro a courageusement suivi pas à pas son modèle, nul ne le conteste. Comment ne nous satisferait-il point ? Comment blesse-t-il ou fait-il fuir la divinité en la transformant. C'est la faute d'un dialecte sonore et coloré, chose étrange, et la punition d'avoir osé traduire l'inimitable imitateur. Des faits et des preuves, au lieu de phrases. Surtout de l'impartialité. Le poète traducteur, sans nul doute, a été parfois vaincu en concision, comme dans les trois vers qu'il rend par quatre vers un peu affaiblis :

> Dieux ! que ne suis-je assise à l'ombre des forêts !
> Quand pourrais-je, au travers d'une noble poussière,
> Suivre de l'œil un char fuyant dans la carrière !

(1) L'œuvre originale dont Racine, pour nous l'assimiler, dut supprimer d'abord les côtés les plus véridiques, l'idéal le plus pur, la philosophie et le merveilleux.

> . . . . A che non posso
> D'una foresta riposarmi all' ombra !
> Quando potro frà vortici di polve
> Seguir con l'occhio intento il nobil volo
> Di una rapida biga ?

Littéralement : *Que ne puis-je me reposer à l'ombre d'une forêt ! — Quand pourrai-je, à travers les tourbillons de poussière, — suivre, avec l'œil attentif, le noble vol d'un char rapide !* — Cette définition est plus exacte, à la manière antique, car le char vole et ne fuit pas dans le stade ; elle impressionne cependant moins, au milieu du vague de la fièvre. Le timide souhait répété et localisé dans le premier vers : *Que ne puis-je me reposer à l'ombre d'une forêt ! Quand pourrai-je*, etc, ne vaut pas le transport infini exprimé par le rêve idéal, immense, des forêts. Ce ternaire racinien est lui-même, du reste, un résumé faible, la miniature du magique délire de la Phèdre grecque, dont le chantre italique eut embrassé plus voluptueusement, avec son idiome amoureux, les chastes effusions enflammées.

Mais la joûte l'enfermait dans le cercle étroit du docte et habile athlète moderne. S'il lui cède çà et là, plus souvent il l'assouplit, l'harmonise ou le surpasse. Par exemple, les deux vers éloquents sur Ariane me semblent encore plus touchants dans sa version :

> Oh ! Arianna, o suora mia ! morta d'amore
> Sul lito istesso dove fù deserta !

On pourrait traduire ainsi poétiquement :

> Ariane, ô ma sœur ! pauvre morte d'amour
> Sur la rive déserte où tu fus délaissée.

Comme ces deux expressions, *la morta d'amore* et *dove fù deserta*, qui peignent la mort douloureuse et la solitude, le ravage de l'abandon, complètent la tendre plainte suivante, inachevée en deux endroits :

> Ariane, ma sœur, de quel amour blessée,
> **Vous mourûtes *aux bords* où vous fûtes *laissée*.**

Même supériorité dans la traduction, quand Phèdre épuisée supplie sa nourrice de lui épargner d'inutiles soins :

> Et que tes vains secours cessent de rappeler
> Un reste de chaleur tout prêt à s'exhaler,

dit l'auteur français. L'Italien met avec un sentiment délicat : *E più non cerchi di ranimarne la morente fiamma*, et ne cherche plus à ranimer la flamme mourante. Cette image si vive de la malheureuse reine l'emporte d'autant sur le *reste de chaleur*, plus médical que poétique.

> *Come un raggio di sol, puro è il mio core.*
> Mon cœur est aussi pur qu'un rayon du soleil.

Cette variante, où l'inaltérable rayon solaire se substitue au jour, son dérivé corruptible, ne rend-elle point, pour la précision comme poétiquement, notre vers proverbial :

> Le jour n'est pas plus pur que le fond de mon cœur.

L'idolâtrie a non moins singulièrement exagéré les mérites irrécusables du style employé par Racine dans son œuvre, où l'on signalait à peine quelques peccadilles, comme *le héros expiré* du récit de Théramène; inégal et artificieux, éloquent et compassé, il se ressent de Port-Royal et de la cour, des études antiques et du jargon de l'hôtel de Rambouillet, des emprunts multiples et des juxta-positions, des discordances et du mélange des idées. Le rôle seul de Phèdre, qui constitue toute la pièce, comme le notait un autre critique admirateur, par une terrible censure involontaire, est écrit sur un magnifique diapason, non toutefois sans éclipses. M. Dall'Ongaro, suivant son instinct droit, a fait plus que de traduire exactement; il a traduit intelligemment, en poète du dix-neuvième siècle, un poète du dix-septième; il l'a rectifié dans ses non-sens, dans ses graves et fréquentes défectuosités. J'en demande bien pardon à ses adorateurs aveugles, la statue divine est mêlée d'argile, témoin ces vers :

> Enfin, tous tes conseils ne sont plus de saison;
> Sers ma fureur, OEnone, et non pas ma raison.

L'Italien porte avec plus de justesse : *All' amor mio soccorri !* assiste ou seconde mon amour,—et non pas ma fureur.—Il s'agit bien ici de son amour, dont elle charge Œnone d'être la messagère auprès d'Hippolyte, en lui offrant la couronne pour le séduire.

Le traducteur a également bien fait de transformer l'oiseux pléonasme de *la tranquille paix* dont parle Phèdre, car il n'y a pas de paix orageuse, et l'incroyable locution d'Aricie : *éclaircissez Thésée.*—(La chère princesse en débite bien d'autres.) — Et cette vicieuse phrase elliptique, où la Crête se prend pour une mer : *Lorsque de notre Crête il traversa les flots.* et ces trivialités fades ou ampoulées :

> Hippolyte est sensible *et ne sent rien pour moi*
> . . . .
> . . . .
> Déjà, de l'insolence heureux persécuteur, etc.

— Et le solécisme du vers suivant, qui jure dans la bouche royale : *Mourons. De tant d'horreurs qu'un trépas me délivre !*

Quel trépas ? Y a-t-il plusieurs trépas ? *La tomba*, dit l'Italien. Fallait-il traduire pareillement pour conserver le texte sacré dans sa pureté diaphane.

> Jamais l'aimable sœur des cruels Pallantides
> *Trempa-t-elle aux complots* de ses frères perfides ?

Quelqu'aimable que soit cette fille de Pallas, digne de figurer parmi les filles d'honneur de la cour du grand roi, on trempe dans un complot, non pas à un complot.

> Je voulais en mourant prendre soin de ma gloire,
> Et dérober au jour *une flamme si noire.*

Ainsi Phèdre s'exprime ailleurs pompeusement, sinon justement. Je connais des flammes bleues, rouges, violettes, blanches, vertes, multicolores, celles des volcans et celles de Bengale. Je n'en ai jamai vu de noires. Si l'on m'objecte que c'est au figuré, l'analogie tirée des objets matériels doit être d'autant plus exacte. Demandez aux vrais anciens. M. Dall'Ongaro, fidèlement infidèle, a rendu par deux vers admirables la périphrase racinienne précitée :

> . . . . . . Salvar morendo
> Dalla infamia il mio nome, e il reo secreto.
> Seppelir nella tomba . . . . Je voulais
> Sauver en mourant mon nom de l'infamie,
> Et ensevelir dans la tombe mon coupable secret.

Bravissimo ! C'est Euripide, le maître du maître. C'est le vrai langage antique et moderne. Racine est deux fois vaincu. Dans une de ses belles inspirations, les remords de la reine, il a laissé échapper plus loin un autre solécisme :

> Pour qui ? quel est le *cœur où* prétendent mes vœux ?

Evidemment on dirait en simple prose : Le cœur *auquel* prétendent mes vœux. Le traducteur a mis correctement avec son élégante exactitude ·

> *Per chi? qual è l'oggetto al cui sospiro ?*
> Pour qui ? quel est l'objet pour qui, moi, je soupire ?

Où donc cette Phèdre enchanteresse, « formée de ce qu'il y a de plus pur dans notre langue, » le modèle tragique dont les images et les syllabes, « enchaînées comme les notes d'une mélodie, nous reviennent transposées, exagérées, grossies par une version italienne ? » Où donc « cette poésie qui vibre sur les battements d'un cœur ému ? » Dans les crises même et la torpeur de l'agonie, où Phèdre expire sous la dévorante consomption d'un poison de Colchide, l'alexandrin ne se trouble pas ; rien n'altère sa majesté declamatoire.

> Déjà, je ne vois plus qu'à travers un nuage,
> Et le ciel et l'époux que ma présence outrage,
> Et la mort, à mes yeux dérobant la clarté,
> Rend au *jour qu'ils souillaient* toute sa pureté.

Passons sur *ces yeux qui souillent le jour*, et osez mettre cette fin devant l'effrayante agonie de l'Hippolyte grec, en proie au vertige, au *sphacèle*. M. Dall' Ongaro a tâché d'accentuer et de briser ici le rhythme, comme en maint endroit, pour marquer les derniers soupirs convulsifs, car la parole doit aussi réfléchir la température morale et physique ; mais il aurait fallu recomposer, recréer, non plus traduire.

Je remets à une prochaine fois, pour agir discrètement, la conclusion de notre parallèle entre les deux pièces et les remarques utiles sur celui de Mme Ristori avec sa célèbre devancière. ✦

II.

« Je vais heurter bien des fanatismes : » écrivait naguère l'un des plus illustres entre les quarante, un immortel, qui prétendait renverser, sans arguments ni preuves, par le souffle de sa négation, la synthèse puissante transfigurée dans la *Divina Commedia* : décapiter le philosophe dans le *Vatès* toscan, pour le rendre comme le damné antinomique *dell' inferno*, portant sa tête à la main en guise de lanterne :

> E'l capo tronco tenea per le chiome
> Pesol con mano a guisa di lanterna.

Hélas ! c'est l'image de notre monde.—Moi aussi, je heurte à regret, quoique après plusieurs vigoureux athlètes, les sentiments traditionnels adultérés de vieilles erreurs persistantes. Mais, simple mortel obscur, je dois multiplier les exemples à l'appui des raisons, pour édifier loyalement le lecteur. Mon but n'est pas non plus d'amoindrir une gloire ni notre littérature classique. En séparant l'ivraie du bon grain, je veux lui restituer au contraire son côté vital, indélébile. La cause pour laquelle je me lève, vous l'avez compris, c'est la cause du progrès et de la vérité, la cause universelle du grand art, dont les traditions et les splendeurs s'eteignent parmi nous devant le hideux industrialisme accouplé aux idolâtries mensongères.

Terminons notre impartiale étude comparative par le plus pathétique morceau, celui qui appartient du moins en propre au poëte français : la scène de la jalousie, et voyons si l'italien déchoit. Son ouverture présente l'émouvant contraste du bonheur des amours innocents et des angoisses de l'amour criminel. Je ne chicanerai point là sur quelques expressions un peu modernes.

> Hélas! ils se voyaient avec pleine licence;
> Le ciel, de leurs soupirs, approuvait l'innocence.
> Ils suivaient sans remords leur penchant amoureux;
> Tous les jours se levaient clairs et sereins pour eux.
> . . . .

La lyre *del Paradiso*, qu'éveillent ces vers touchants, semble soupirer dans les accords de la traduction italienne :

> Qui si vedean liberi, puri, e il cielo
> Ascoltava i lor voti, e benediva
> Quel primo amore che non a rimorso;
> Ogni giorno per essi era un sorriso.

La poésie m'entraîne; je rime et scande pour traduire, car la prose devient impuissante :

> Las! ils pouvaient se voir, s'aimer et se le dire.
> Libres et purs! le ciel bénissait leurs transports,
> Et ce premier amour qui n'a point de remords;
> Et chaque jour était pour eux comme un sourire.

Le texte français reprend sur un ton large et douloureux :

> Et moi, triste rebut de la nature entière,
> Je me cachais au jour, je fuyais la lumière;
> La mort est le seul Dieu que j'osais implorer.
> J'attendais le moment où j'allais expirer.

On peut lire, texte en regard, l'italien dont la plainte oppressée suit le modèle, ou littéralement, ou avec des variations équivalentes. Quelquefois lui-même assombrit, en les accentuant, certaines nuances délicates, par exemple le trait final :

> Et sous un front serein déguisant mes alarmes,
> Il fallait bien souvent me priver de mes larmes.
> . . . .
> Sotto fronte serena, il cruccio ascoso,
> A divorar, pronto al scoppiare, il pianto.

Ces larmes dévorées, cette angoisse étouffée, rendent plus énergiquement le texte. Je préférerais néanmoins *la privation des larmes*, tristes délices dont se nourrissait déjà l'Electre de l'Orestie; car, quoi qu'en ait dit M. de Châteaubriand, l'antiquité profane, comme la sacrée, connaissait les élans spiritualistes et les notes éternelles de la douleur. Mon Hippolyte porte-couronne suffirait pour l'attester, et sa Phèdre philosophe.a, la première, épuisé le calice lacrymatoire.

Il y a dans tout ce passage, où Racine en a originalement réflété la teinte, des profondeurs mélancoliques dont je n'ai jamais ouï l'accent complet chez aucune actrice. Voici la deuxième phase renommée de la scène, le *furor geloso* :

> Ils s'aimeront toujours.
> Au moment *que je parle*, ah! mortelle pensée!
> Ils bravent la fureur d'une amante insensée.
> Malgré ce même exil *qui va les écarter*,
> Ils font mille serments de ne se point quitter.
> Non, je ne puis souffrir un bonheur qui m'outrage;
> OEnone, prends pitié de ma jalouse rage.
> Il faut perdre Aricie; il faut de mon époux
> Contre un sang odieux réveiller le courroux :
> Qu'il ne se borne pas à des peines légères;
> Le crime de la sœur *passe celui* des frères.

Pourquoi certaines inélégances et le conflit des syllabes sifflantes rompent-ils le charme avec l'euphonie? Pourquoi la rime a-t-elle contraint de mettre, en commençant la période, *écarter*, au lieu du vrai mot, séparer? Racine et les classiques les plus rigoristes se gênaient assez peu en mauvaises rimes sans raison pour user ici de la licence. L'expression *d'un bonheur qui m'outrage* siérait mieux dans la bouche d'une épouse trahie, et sans affecter l'étiquette souveraine, une femme digne n'avouera point *sa jalouse rage*, même à sa nourrice. Voici maintenant les vers italiens, autrement brisés et stridents, selon la situation et la langue théâtrale, avec moins de mots ravageurs. Il faut les avoir entendus dans la bouche de Mme Ristori, navrée, haletante, ironique et superbe, pour crier trois fois : *bravissima !*

S'ameranno, Enone.
S'amerau sempre !... orrenda idea ! Lo sdegno
Sfidano già d'una rival furente,
E in onta dell' esilio che li parte,
Giurano al ciel di non lasciarsi mai.
No, Enone, no. La lor gioia m'uccide.
Non vo' nè posso tollerarla. Corri !
Del geloso amor mio pietà ti prenda !
Pera costei. Contro quell' empia stirpe
L'ira sopita del mio sposo infiamma.
Nè lieve pena lo contenti : è rea
Più mille volte che i fratei, la suora.

Au risque de l'affaiblir à mon tour, je traduis de rechef l'italien en vers français, pour mieux faire apprécier les analogies et les différences par les personnes qui ne connaissent pas les deux langues.

Ils s'aimeront, OEnone ; ô mortelle douleur !
Ils bravent maintenant une amante en fureur.
Ils s'aimeront toujours ! pensée horrible et dure !
Malgré l'exil amer qui va les séparer,
Ils jurent par le ciel de toujours s'adorer.
Non, chère OEnone, oh non ! leur bonheur me torture.
Je ne veux ni ne puis le souffrir. Cours ! pitié
De mon jaloux amour. Perds-la cette Aricie,
Cet objet que je hais. Contre une race impie
Réveille la colère au cœur de mon époux.
Des châtiments légers, certe, seraient trop doux,
La sœur est cent fois plus coupable que les frères.

Citons encore la dernière partie du même morceau où Racine s'élève, par le style comme par l'élan, au mouvement sublime et passionné, trop rare sur sa lyre uniforme; là seulement, il redevient l'écho agrandi du vieux Sénèque, d'où le souffle dérive avec l'image transposée :

> Misérable! et je vis! et je soutiens la vue
> De ce sacré soleil dont je suis descendue.
> J'ai pour aïeul le père et le maître des dieux ;
> Le ciel, tout l'univers est plein de mes aïeux (1).
> Où me cacher? Fuyons dans la nuit infernale;
> Mais que dis-je! mon père y tient l'urne fatale.
> Le sort, dit-on, l'a mise en ses sévères mains :
> Minos juge aux enfers tous les pâles humains.

O sciagurata! e vivo! etc. Tout ce que pouvait le traducteur, c'est de soutenir vaillamment ici le combat, dans la langue dantesque, avec des triomphes et des défaites soudain rachetées; — plus large et plus puissant, quand il s'écrie comme le tragique romain :

> ....*Degli avi miei son pieni*
> *La terra, il mar, l'Olimpo.*
>
> La terre, la mer, l'Olympe
> Sont pleins de mes aïeux.

— inférieur, quand il substitue l'*Averno*, terme indéfini et restreint, à *la nuit infernale*, image terrifiante et vraie de l'antique *Aïdès* (l'Invisible) ; — reprenant la victoire, quand il confie à Minos l'*alto giudicio delle pallide ombre*, le jugement suprême des pâles ombres, non *des pâles humains;* — et quand il montre Phèdre contrainte *di confessar con terror uno ad uno*, de confesser avec terreur *un à un* tous ses péchés devant le redoutable tribunal paternel. Quelle joûte! Qu'on apporte deux couronnes, ou plutôt quatre, dont une triple pour le créateur grec !

---

(1) Ces vers sont placés par Sénèque dans la bouche de Thésée; Racine a simplement traduit et développé leur grande idée-image reportée à sa Phèdre, ainsi que la scène entière de l'aveu. Là même, dans les parties imitées, comme dans celles d'Euripide, plus d'un trait touchant se trouve omis ou altéré, entre des variantes heureuses. On n'y comptera point le rapt violent de l'épée, que l'Hippolyte latin abandonne dans son horreur.

— 18 —

Dans toutes mes citations, à part quelques traits, je n'ai pris pour notre parallèle que le grand rôle de Phèdre. Les autres, à vrai dire, n'existent pas, n'ont pu vivre dans aucun temps ni comme style, ni comme idée, ni comme conduite, ni comme caractère. Le champêtre marquis Hippolyte, la précieuse comtesse Aricie, le Géronte Thésée, le précepteur valet Théramène, la confidente Œnone, sont des mannequins à ressorts, affublés d'oripeaux bizarres comme leur langage. On peut leur appliquer indifféremment l'épithète qu'ils se donnent tour à tour : *un prince déplorable, un père déplorable*. Ces héroïques personnages roucoulant des soupirs ou déclamant des contresens avec emphase, cette narration rhétoricale pompeusement vêtue avec les dépouilles de trois Hippolyte martyrisés (1), cette pléthore constante de mots et de rimes à effets pour les tragédiens vulgaires : *horreur, — fureur, — terreur;* — et quelles rimes au besoin : *fils* avec *bâtis!* — Et ce pieux chasseur de Trézène-Fontainebleau, dont *le cœur est aussi pur que le jour*, projetant un hymen interdit, avec une révolte à main armée contre l'autorité paternelle (joli mariage à la Maintenon, transporté dans un temple païen pour le dénoûment de la pièce et de l'ineffable allégorie); enfin, cette platitude exemplaire de maximes et de pensées se réflétant dans la platitude de l'expression : *Vous-même, où seriez-vous?* si votre mère l'Amazone n'avait ressenti une *pudique ardeur* pour votre père :

> Seigneur, d'un chaste amour, pourquoi vous effrayer?
> S'il a quelque douceur, n'osez-vous l'essayer?

Cet amour à l'essai, si naïvement conseillé, comme l'essai d'un cheval ou d'une paire de bottes, par qui? par le précepteur du fils d'un roi, législateur national vénéré comme un demi-dieu dans l'Attique... Sont-ce là, je le demande, les mœurs primitives plus que celles

---

(1) Le récit du messager dans la tragédie d'Euripide, et dans l'*Hippolyte* de Sénèque, la narration de la même catastrophe dans les *Métamorphoses* d'Ovide, liv. XV.

de la cour où siégeaient les Montespan et les Lavallière, Bossuet et Fénélon, l'auteur du *Télémaque*, précepteur, lui aussi, de l'héritier royal, plus digne et plus vrai dans son Mentor grec?

L'altération et l'illogisme entachent malheureusement l'œuvre racinienne, non-seulement dans ses parties secondaires et dans son système théâtral, comme on l'a reconnu, mais dans son esprit fondamental et dans sa trame savante. Un écrivain aussi ingénieux et coloré que superficiel a cité parallèlement dans son journal, le *Monte-Cristo*, les plus notables imitations dont elle se compose, à peu près toutes les grandes scènes et tous les ressorts principaux; encore il a oublié celles de Virgile et d'Ovide. Ce que la lettre traduite ou commentée n'a montré ni ne montrera jamais assez, sans des études plus sérieuses, c'est l'énorme infériorité de l'imitateur, ou plutôt de sa méthode. Euripide et Sénèque amalgamés et refondus avec le dix-septième siècle : de telles combinaisons littéraires, quelque habiles qu'en fussent les soudures, quelque usitées qu'elles soient, offrent d'affreuses antinomies psycologiques, de vraies *macédoines*.

Ah! le chevalier de la quatrième Phèdre originale et de sa dernière interprète élue, dans son enthousiasme soudain, préfère ces macédoines, les imitations arbitraires, aux traductions poétiquement fidèles; l'honorable M. Paul de Saint-Victor, pour nommer un écrivain de style et d'esprit, croit aujourd'hui les secondes plus faciles, plus inanimées....... L'espace et mon sujet ne me permettent que de lui rappeler provisoirement un nom cher à sa mémoire, je le gage, un autre imitateur grec plus véridique, André Chénier. Ce nom spécifie la différence radicale qui existe entre le *traduttore* et le *traditore*, entre l'art sincère et l'art conventionnel.

L'alliance des gynécées et des boudoirs, des dissolutions de la Rome des Césars et des amours christiano-galantes du grand règne, est-ce possible? Ces fureurs de Vénus et la déclaration révoltante, si peu faites pour captiver ou réfléchir un monde élégant, et tant applaudies par nos baptisés universitaires, ont été repoussées par les païens de l'Attique sur leur théâtre, où Euripide avait osé les introduire dans une première version : l'*Hippolyte voilé*. Elles nous reviennent de la Babylone impériale, où Racine les a copiées textuellement chez Sénèque, dont il ne dit pas un mot dans sa préface, parce que c'était un poète de la décadence : éblouissant plagiat dont se pare l'œuvre ; scène inouïe où la nouvelle Putiphar, surpassant ses aînées, arrache au fourreau l'épée du nouveau Joseph, qui entr'ouvre complaisamment le manteau dont il se voilait, pour faciliter la tragicomédie. Tout cela entremêlé aux reflets romantiques de la *Phèdre* grecque, aux souvenirs classiques de la *Didon* et aux terreurs infernales du moyen-âge, hurle de se trouver ensemble, comme la fable du Minotaure avec les fadeurs sentimentales du moderne Hippolyte, si singulièrement instruit par Théramène.

Le Minotaure, c'est Phèdre, semi-Grecque, semi-Romaine, semi-païenne, semi-chrétienne !—avec ses remords pudiques et ses fureurs sensuelles, avec ses artifices et ses vapeurs, avec ses aveux éhontés et sa vision d'un Tartare catholique : assemblage hybride et inconciliable. Mlle Rachel en avait pris le côté fatal, l'ampleur majestueuse, les effets calculés, la pose et l'immobilité de statue coupées par des accès frénétiques, la mélopée tumulaire déployée dans cinq tirades propres à son talent : la diction. Mme Ristori en manifeste l'autre côté, le plus sympathique à ses instincts ; l'amour tendre et brûlant, la fièvre jalouse et les épouvantes secrètes, la pantomime expressive : la passion. Elle en fait une femme, qui aime et souffre, espère et se désespère, — une *innamorata*, bacchante dans ses délires, c'est vrai, la fille de l'insensée Pasiphaësa. — Où donc le tort ? — Notre poète l'a faite ainsi dans sa dualité, la désigne explicitement par ses deux origines :

La fille de Minos — et de Pasiphaë.

Dualité visiblement personnifiée dans ses deux interprètes, aux armes inégales : l'une parlant notre langue familière, notre poésie classique réglée selon nos formules et notre diapason ; l'autre exprimant par sa seule physionomie une poésie cadencée, une langue étrangère pour la moitié de son public. Préfèrerait-on que Mme Ristori eut imité notre actrice et les errements routiniers? Comme elle ne joue pas du bout des lèvres, elle a soufflé dans la statue son âme de feu, et son étreinte a disloqué la convention. Si elle n'a pu lui imprimer l'unité, ni la mesure harmonieuse où elle encadre généralement ses personnages, accusez-en une conception sans unité ni mesure. Elle n'avait pas, comme M. Dall'Ongaro, la ressource de transformer le texte. Non, l'éminente artiste ne défigure pas ce rôle, en lui donnant des aspects plus humains, en le faisant applaudir sous des traits plus saisissants. C'est Racine qui a défiguré toutes les traditions pour composer sa pièce; un chef d'œuvre, soit. Le chef-d'œuvre des imitations artificielles et discordantes.

Mille pardons. J'aime et j'admire Racine, notre deuxième tragique national, si peu compris souvent dans ses vraies beautés. Déjà, sous Louis XIV, la cabale infâme voulut tuer sa Phèdre, à cause d'elles et non de ses mélanges, pour une contrefaçon à fioritures sans grandeur. Pauvre Jean! l'on étouffa douze ans sa grande inspiration biblique tout imprimée dans le livre. Le mauvais goût ignare et les jurys contemporains le forcèrent, comme Corneille, de briser ou d'assoupir ses cordes les plus mâles. Beaucoup, qui ont très haut son nom dans la bouche et son art sévère en dédain, s'en servent aujourd'hui, comme de tant d'autres belles enseignes, pour étouffer son verbe et ses continuateurs. Je ne me serais pas décidé à une telle critique rigoureuse, sans les exagérations, les ligues et les hérésies renaissantes. Racine, s'il vivait, serait avec moi contre elles.

Ovateurs maladroits! ils exaltent notre littérature et nos demi-dieux dans leurs parties infimes ; on étale perpétuellement, comme nos modèles, des tragédies hétérogènes, dont la pensée ni les deux tiers ne nous appartiennent pas; des alliages combinés sous d'oppressives influences locales et sous d'anciennes règles poétiques mal entendues ; des types solennellement démentis par l'histoire et les génies antérieurs, dont ils nous présentent les divines images travesties dans nos jeux scéniques pour l'enseignement de nos générations. On nous serine depuis l'école des superstitions semblables; on les trompette à l'Europe crédule ou incrédule, avec mille autres aberrations, transformées en dogmes, en mots d'ordre. Halte-là! nos chefs-d'œuvres tragiques s'appellent *Polyeucte*, *Athalie*, *Cinna*, *le Cid*, *Britannicus*, *Bajazet*, etc.; quoique les procustes aient atrophié notre Melpomène, il en reste un assez riche groupe, où des rôles éternellement beaux attendent les grands interprètes. Voilà, dans le passé, nos créations, et non toutes les imitations androgynes destinées à disparaître, avec les milieux factices dont elles étaient le fruit (1).

Arrière les préjugés tenaces, la critique fétichiste criant : Que nous veut donc la Ristori, avec ses pièces grecques et son usurpation des rôles de Rachel? Ce qu'elle nous veut?... La Ristori est venue nous révéler, même dans des ouvrages parfois médiocres, deux éléments disparus du monde antique et du drame moderne : La passion chaste et la beauté idéale. Elle nous apprend qu'on peut jouer la tragédie sans déclamation, le grand art autrement que dans les traditions caduques du mélodrame et du Conservatoire, et que cette tragédie là peut faire encore vibrer les âmes. Les sympathies et les homma-

---

(1) Savoir : Tous les poncifs greco-romains, aussi bien que tous les Turcs de contrebande et le *Shakspeare* de Ducis, toutes les contrefaçons historiques, arrangées pour la fausse convention théâtrale et maintenues au répertoire par la tradition surannée. Une confrontation sérieuse et complète avec les vrais modèles, qui doivent progressivement les y remplacer, détruira les dernières aberrations là-dessus.

ges, dont on entoure sa course européenne, éclipsent les critiques et les éloges. Elle montre à l'univers que l'Italie, déchue et divisée, nourrit toujours des cœurs d'artistes et de poètes : foyer sacré où se perpétue sa nationalité impérissable. — La robe de Déjanire, c'est la robe où Hercule devint demi-dieu, la robe des holocaustes et des inspirés.

Pour résumer notre parallèle en ses deux figures : Rachel personnifiait l'ancienne tragédie conventionnelle et imitatrice, dite à tort française, la tragédie temporaire et bien morte, dont son talent galvanisa le cadavre : le passé ! — Mme Ristori représente la tragédie immortelle et universelle (1), le verbe historique et national, le drame vivant et humain, destiné à électriser la multitude : l'avenir !

Honte sur ceux qui prétendraient, avec des idoles vieilles ou jeunes, arrêter l'art et ses apôtres dans ses éternels développements pacifiques. — Salut donc et non adieu, ô Giuditta ! ô Myrrha ! ô Camma ! prêtresse et messagère de la nouvelle muse.

Et vous, monsieur le directeur, veuillez agréer, avec mes remercîments pour votre accueil confraternel dans votre tribune franco-italienne, l'expression de mes sentiments distingués.

Sébastien RHÉAL (de Cesena).

(1) L'auteur a déjà indiqué, dans sa préface d'*Hippolyte*, et il expliquera plus amplement sa pensée pour l'érection d'un théâtre européen, où seraient représentés les chefs-d'œuvres vulgarisables des maîtres de tous les pays et de tous les âges, en face de nos productions contemporaines, comme nous avons un Musée impérial de toutes les écoles, en face de nos expositions périodiques.

POST-SCRIPTUM

La question véritable, dont les *deux Phèdre* et les pièces grecques ne sont que les incidents, se pose entre les principes antagonistes et des réalités sociales, incarnées dans les personnes, les thèses et les formules littéraires. Nous voudrions simplement un théâtre français, digne d'une grande nation et des grands siècles. Voilà pourquoi nous demandons qu'il s'ouvre, qu'il se vivifie à toutes les nobles sources humaines, aux enseignements lumineux des maîtres dont nous tentons de relever le culte, à tous les talents actuels sincères dans leurs voies diverses. Des critiques notables préfèrent constater chaque semaine sa funeste décadence, et en accuser les auteurs contemporains, comme si les auteurs, quels que soient leurs titres avérés, pouvaient y produire librement leurs inspirations, même en satisfaisant aux conditions légales de l'examen officiel.

Or, il faut quitter les équivoques, les thèmes oratoires. Ceux qui ont la *direction morale* et les tendances les plus élevées (dieu sait à quel prix on les garde aujourd'hui), ceux là justement, trouvent-ils des aides suffisantes dans la société moderne, ses moralistes en tête? Trouvent-ils des garanties sérieuses ou un accueil bien sympathique chez les entrepreneurs qui ont la direction industrielle, établis juges absolus en matière artistique, de par la *raison commerciale*? Enfin le public, entraîné par mille courants quotidiens, peut-il s'instruire au beau et au vrai, si on ne les lui montre point avec l'éclat convenable, si on lui sonne toujours les mêmes cloches, sur les huit scènes principales subventionnées ou autorisées? — Vous qui cherchez les causes de la décadence, réfléchissez-y. — Cette question importante mérite l'attention de tous les hommes éclairés, qui veulent comme nous la gloire nationale, liée ici aux plus graves intérêts. Nous la préciserons davantage, avec les conclusions pratiques et utiles.

PARIS. — Imprimerie SERRIERE et Cⁱᵉ, rue Montmartre, 123
Fonderie. — Clicherie. — Galvanoplastie.

PARIS. — Imprimerie SERRIERE, rue Montmartre, 123
FONDERIE, CLICHERIE, GALVANOPLASTIE

www.ingramcontent.com/pod-product-compliance
Lightning Source LLC
Chambersburg PA
CBHW062002070426
42451CB00012BA/2528